Impressum
Verlag: BABADADA GmbH, Nedderfeld 112 , 22529 Hamburg
Geschäftsführer / Verlagsleitung: Harald Hof
Druck: Books on Demand GmbH, In de Tarpen 42, 22848 Norderstedt

Imprint
Publisher: BABADADA GmbH, Nedderfeld 112 , 22529 Hamburg, Germany
Managing Director / Publishing direction: Harald Hof
Print: Books on Demand GmbH, In de Tarpen 42, 22848 Norderstedt

colegio

sekolo

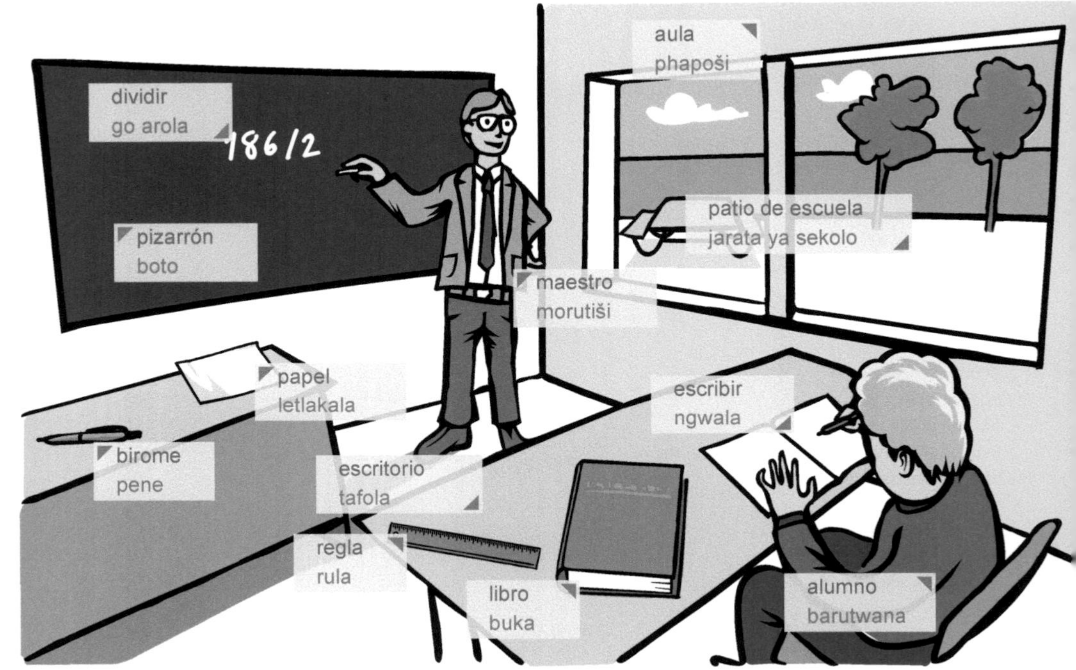
aula
phapoši
dividir
go arola
186/2
pizarrón
boto
patio de escuela
jarata ya sekolo
maestro
morutiši
papel
letlakala
escribir
ngwala
birome
pene
escritorio
tafola
regla
rula
libro
buka
alumno
barutwana

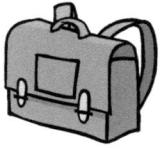

mochila

peke

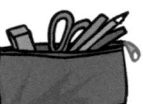

caja de lápices

kheise ya phensele

lápiz

phensele

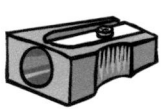

sacapuntas

motšhene wa go betla phensele

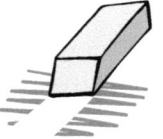

goma (de borrar)

rabhara

bloc de dibujo

phede ya ho thala

dibujo
go thala

pincel
borashe ya go penta

caja de pinturas
lepokisi la go penta

tijera
sekero

pegamento
sekgomaretši

cuaderno de ejercicios
puku ya go ngwala

tarea
mošomo wa gae

número
nomoro

sumar
tlatša

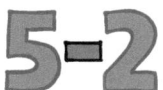

restar
go ntšha

multiplicar
go atiša

calcular
khalekhuleitha

letra
lengwalo

abecedario
alefapete

palabra
lentšu

texto

mongolo

leer

bala

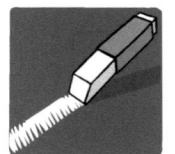

tiza

tšhoko

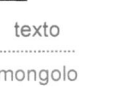

lección

thuto

cuaderno de clase

puku ya maina

examen

thuto

certificado

setifikeite

uniforme escolar

diaparo tša sekolo

educación

thuto

enciclopedia

encyclopedia

universidad

yunibesithi

microscopio

maekrosekoupo

mapa

mmapa

tacho (de basura)

pasekete ya matlakala a ditšhila

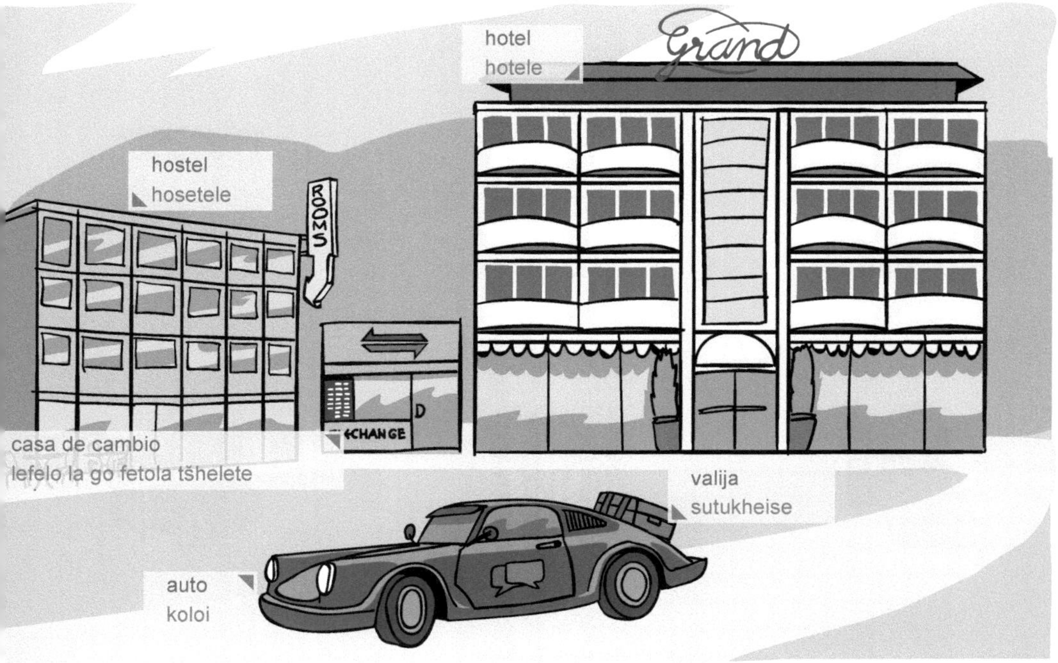

hotel
hotele
Grand
hostel
hosetele
ROOMS
casa de cambio
lefelo la go fetola tšhelete
€CHANGE
valija
sutukheise
auto
koloi

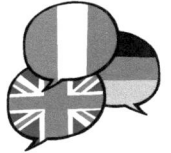

idioma

Leleme

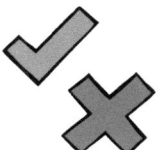

sí / no

ee / aowa

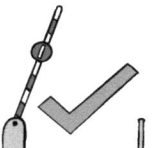

Está bien

Go lokile

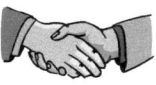

hola

Dumela

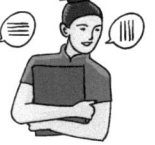

traductor

mofetoledi

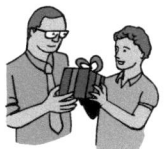

Gracias

Re a leboga

¿cuánto cuesta...?

... ke bokae?

No entiendo

ga ke kwešiše

problema

bothata

¡Buenas tardes!

Thobela!

¡Buenos días!

Meso e mebotse!

¡Buenas noches!

Robala botse!

adiós

šala gabotse

dirección

keletšo ya tsela

equipaje

peke

bolso

peke

mochila

mokotla wa dipuku

invitado

moeng

habitación

phapoši

bolsa de dormir

pekana ya go robala

carpa

mokhukhu

información turística	playa	tarjeta de crédito
boitsebišo bja moeti	lewatleng	karata ya mokitlana

desayuno	almuerzo	cena
dijo tša mesong	matena	dijo tša mantšiboa

pasaje	ascensor	sello
thikethe	lifithi	setempe

frontera	aduana	embajada
border	setlwaedi	embassy

visa	pasaporte	
visa	phasepoto	

avión
sefofane

barco
sekepe

autobomba
enjine ya mollo

colectivo
bese

camión
theraka

lancha a motor
motorboat

bicicleta
paesekela

auto
koloi

ferry
feri

bote
sekepe

moto
sethuthuthu

patrullero
koloi ya maphodisa

auto de carreras
koloi ya go šiašiana

auto de alquiler
koloi ya go rentišwa

alquiler de autos

go arogana koloi

grúa

theraka ya go goga

camión de basura

theraka ya ditlakala

motor

mmotho

nafta

makhura

estación de servicio

seteišene sa makhura

señal de tránsito

leswao la therafiki

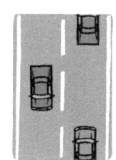

tránsito

therafiki

embotellamiento

therafiki

estacionamiento

lefelo la go phaka dikoloi

estación de tren

seteišene sa terene

vías

tsela

tren

terene

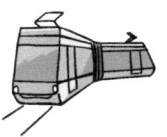

tranvía

theramo

vagón

koloi

helicóptero

sefofane

aeropuerto

boemafofane

torre

serokami

pasajero

monamedi

contenedor

seswari

caja de cartón

lepokisana

carretilla

khathe

canasta

basket

despegar / aterrizar

go tloga / go kwatama

ciudad

toropo

pueblo

motse

centro de ciudad

bogareng bja toropo

casa

ntlo

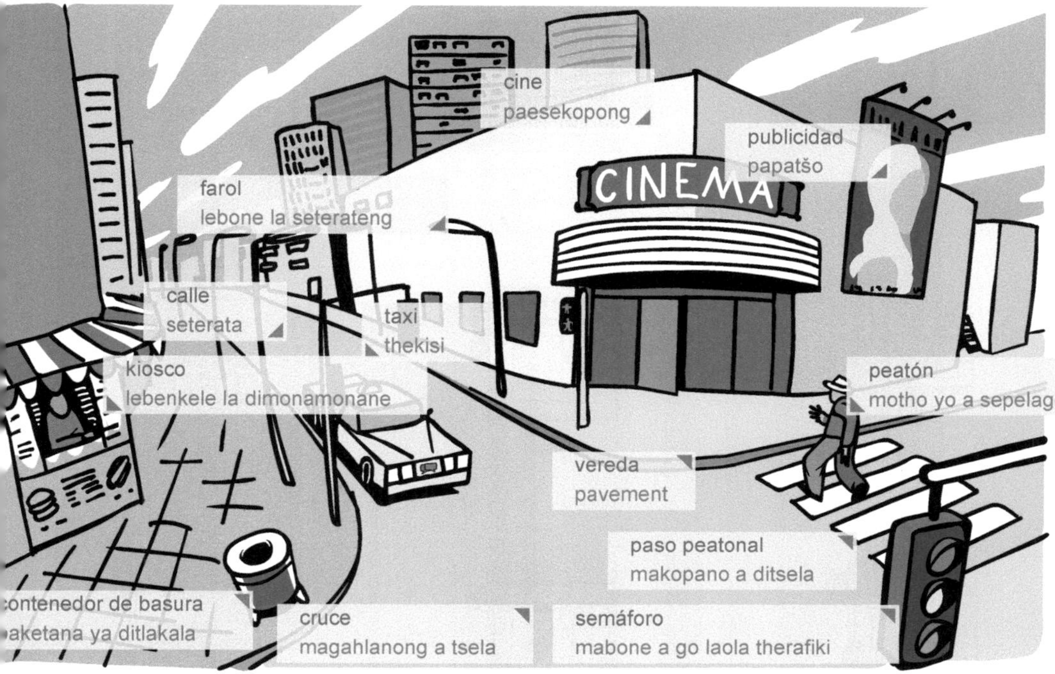
cine
paesekopong
publicidad
papatšo
CINEMA
farol
lebone la seterateng
calle
seterata
taxi
thekisi
kiosco
lebenkele la dimonamonane
peatón
motho yo a sepelago
vereda
pavement
paso peatonal
makopano a ditsela
ontenedor de basura
aketana ya ditlakala
cruce
magahlanong a tsela
semáforo
mabone a go laola therafiki

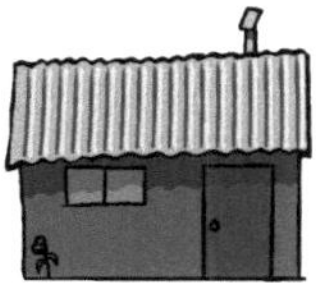

cabaña

mokutwana

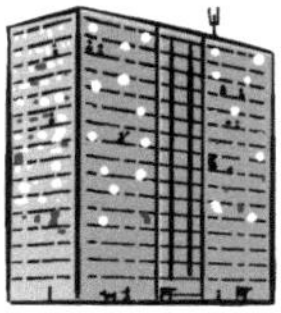

departamento

folete

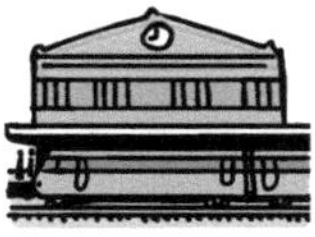

estación de tren

seteišene sa terene

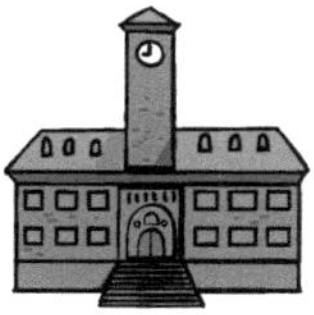

municipalidad

holo ya toropong

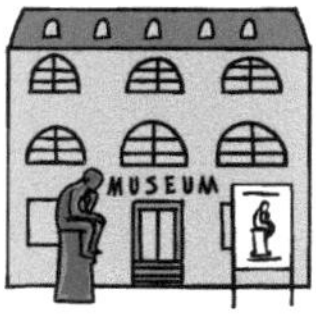
MUSEUM

museo

museamo

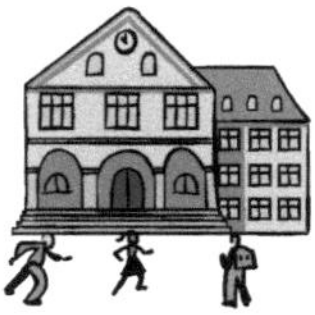

colegio

sekolo

universidad

yunibesithi

banco

panka

hospital

sepetlele

hotel

hotele

farmacia

lebenkele la dihlare

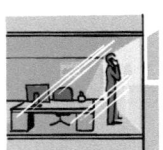

oficina

ofisi

librería

lebenkele la dipuku

negocio

lebenkele la dijo

florería

lebenkele la matšoba

supermercado

lebenkele la dihlare

mercado

mmakete

grandes tiendas

lebenkele la dilo tše dintši

pescadería

fishmonger's

centro comercial

lefelo la mabenkele

puerto

boemakepe

parque

phaka

banco

bench

puente

leporogo

escaleras

ditepisi

subte

ka tlase

túnel

thanele

parada del colectivo

boemela pese

bar

bar

restaurante

lebenkele la dijo

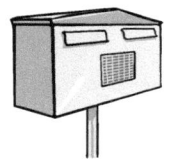

buzón

lepokisi la poso

letrero

leswao la seterata

parquímetro

mithara wa go phaka koloi

zoológico

zuu

pileta

letamo la go rutha

mezquita

lefelo la mamoseleme

granja
polasa

contaminación
tšhilafalo

cementerio
mabitla

iglesia
kereke

juegos infantiles
lefelo la go bapala

templo
tempele

paisaje
lefelo la dithaba

hoja
letlakala

poste indicador
leswao la tsela

camino
tsela

pradera
lefelo kgauswi le noka

piedra
letlapa

excursionista
mophara thaba

árbol
mohlare

río
noka

hierba
bjang

flor
letšoba

valle

tsela

montaña

thaba

lago

letangwana la meetsi

bosque

sethokgwa

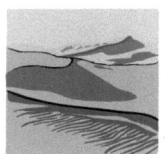

desierto

leganata

volcán

thabamollo

castillo

ntlo e kgolo

arco iris

molalatladi

champiñón

mushroom

palmera

palm tree

mosquito

monang

mosca

fofa

hormiga

ditšhošwane

abeja

nosi

araña

segokgo

escarabajo

khunkhwane

rana

segwagwa

ardilla

squirrel

erizo

noko

liebre

mmutla

lechuza

leribiši

pájaro

nonyana

cisne

mogolodi

jabalí

kolobe ya naga

ciervo

phuthi

alce

phuthi

presa

letamo

aerogenerador

wind turbine

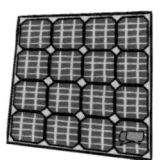

panel solar

phanele ya solar

clima

leratadima

restaurante
lebenkele la dijo

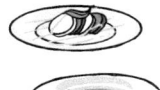

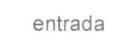

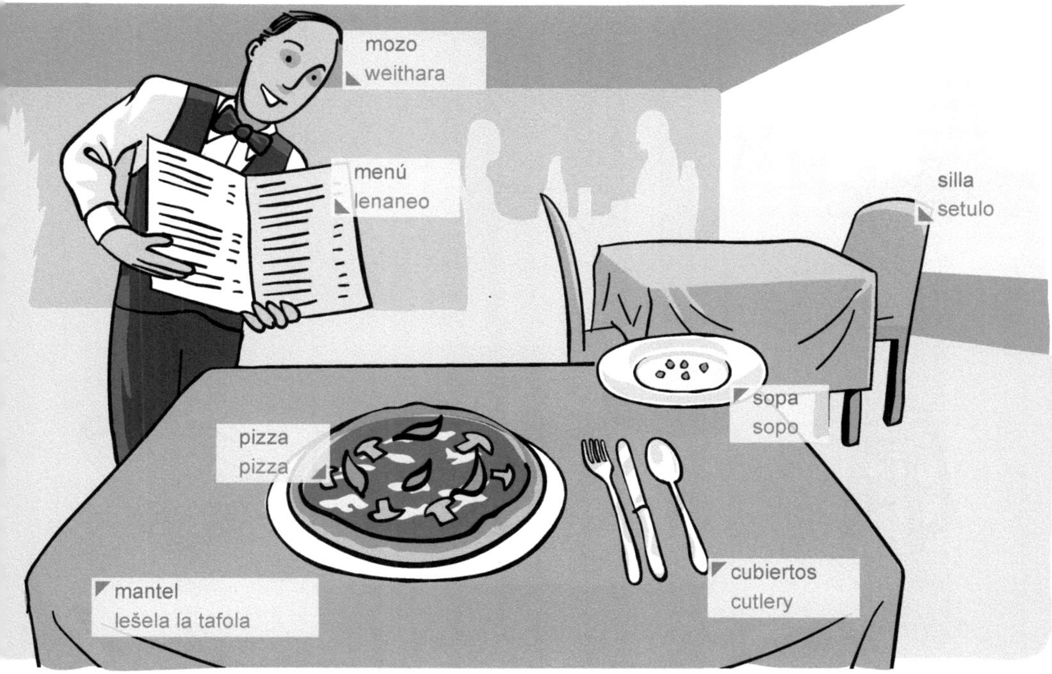

mozo
weithara
menú
lenaneo
silla
setulo
sopa
sopo
pizza
pizza
cubiertos
cutlery
mantel
lešela la tafola

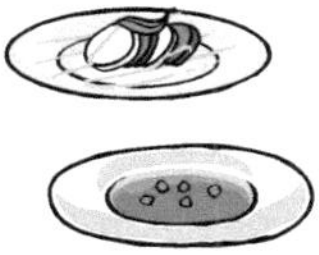

entrada

dijo tša mathomo

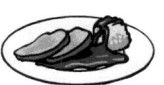

plato principal

dijo

postre

dimonamonane

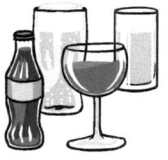

bebidas

dino

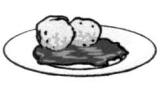

comida

dijo

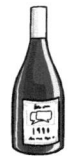

botella

lepotlelo la ngwana

comida rápida

fastfood

comida callejera

dijo tša seterateng

tetera

ketlele ya tea

azucarera

poleitana swikiri

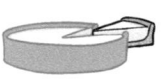

porción

karolo

cafetera expreso

motšhene wa espresso

sillita alta

setulo sa godimo

cuenta

tefo

bandeja

therei

cuchillo

thipa

tenedor

foroko

cuchara

lelepola

cucharita

lelepola

servilleta

lešela la go iphomola

vaso

galase

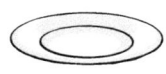

plato
poleite

plato hondo
poleite ya sopo

plato
sosara

salsa
moroto

salero
poto ya letswai

molinillo de pimienta
sešila phepha

vinagre
vinegar

aceite
makhura

especias
sepaese

kétchup
tamatisoso

mostaza
masetete

mayonesa
mayonnaise

supermercado
lebenkele la dihlare

oferta especial
dithekišo tša tlase
FOR
cliente
moreki
lácteos
dijo tša go ba le maswi
fruta
dikenywa
changuito
teroli

BUTCHERS

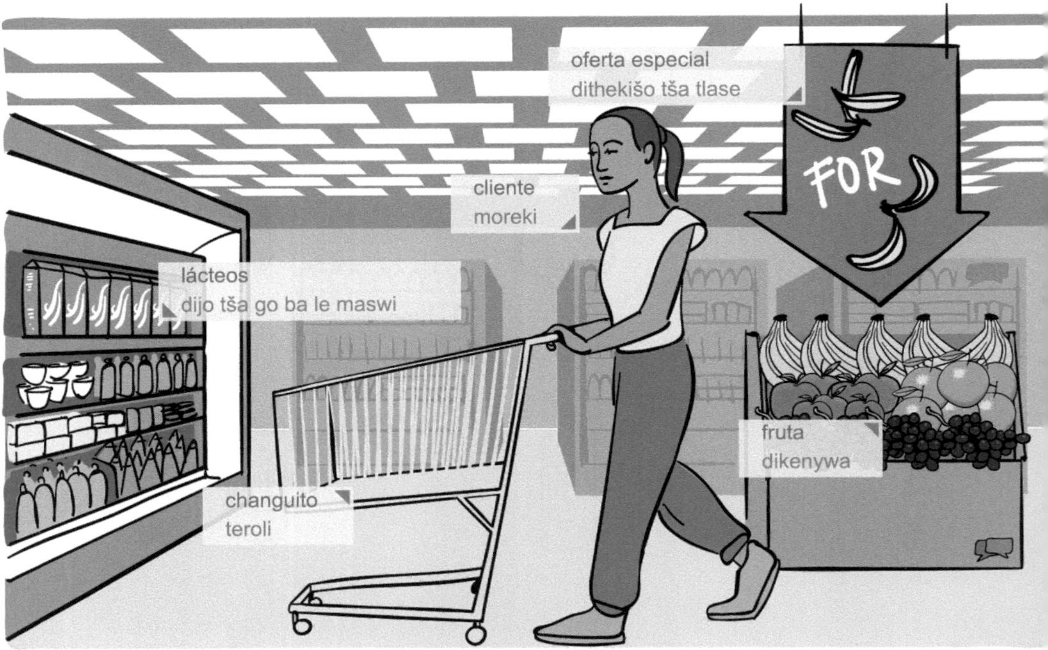

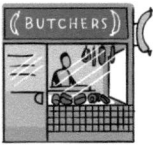

carnicería

selaga

BAKERY

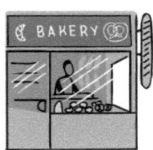

panadería

moapei wa dikuku

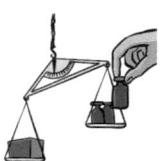

pesar

kala

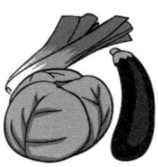

verduras

merogo

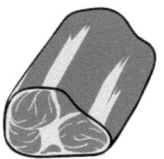

carne

nama

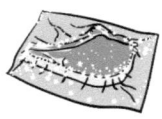

alimentos congelados

dijo tše gahlišitšwego

fiambres
nama ya go tonya

alimentos enlatados
tinned food

detergente en polvo
sešepi sa go hlatswa

golosinas
dimonamonane

electrodomésticos
dilo tša ka ntlong

productos de limpieza
didirišwa tša go hlwekiša

vendedora
morekiši

caja
till

cajero
morekiši

lista de compras
lenaneo la tše rekišwago

horario de atención
diiri tša go bula

billetera
sepatšhe

tarjeta de crédito
karata ya mokitlana

cartera
peke

bolsa de plástico
peke ya polasetiki

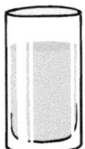

agua

meetsi

jugo

Juice

leche

maswi

bebida cola

coke

vino

beine

cerveza

bhiri

alcohol

bjala

cacao

cocoa

té

tea

café

kofi

café expreso

espresso

cappuccino

cappuccino

banana
banana

manzana
apola

naranja
namome

melón
melon

limón
namone

zanahoria
carrot

ajo
garlic

bambú
bamboo

cebolla
keiye

champiñón
mushroom

nueces
ditokomane

fideos
noodles

tallarines

spaghetti

arroz

raese

ensalada

salate

papas fritas

ditšhipisi

papas fritas

matapola a gadikilwego

pizza

pizza

hamburguesa

hambeka

sándwich

sandwich

churrasco

cutlet

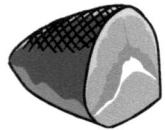

jamón

ham

salame

salami

salchicha

sausage

pollo

kgogo

asado

gadika

pescado

hlaphi

copos de avena

bogobe bja oats

muesli

muesli

copos de maíz

cornflakes

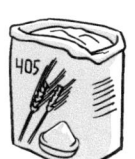

harina

folouro

medialuna

croissant

pancito

dipanse

pan

borotho

tostada

toaster

galletitas

dipisikiti

manteca

botoro

cuajada

curd

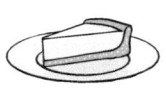

torta

kuku

huevo

lee

huevo frito

lee le gadikilwego

queso

tshese

helado

ice cream

azúcar

swikiri

miel

todi ya dinosi

mermelada

jeme

pasta de chocolate

chocolate spread

curry

curry

granja
polasa

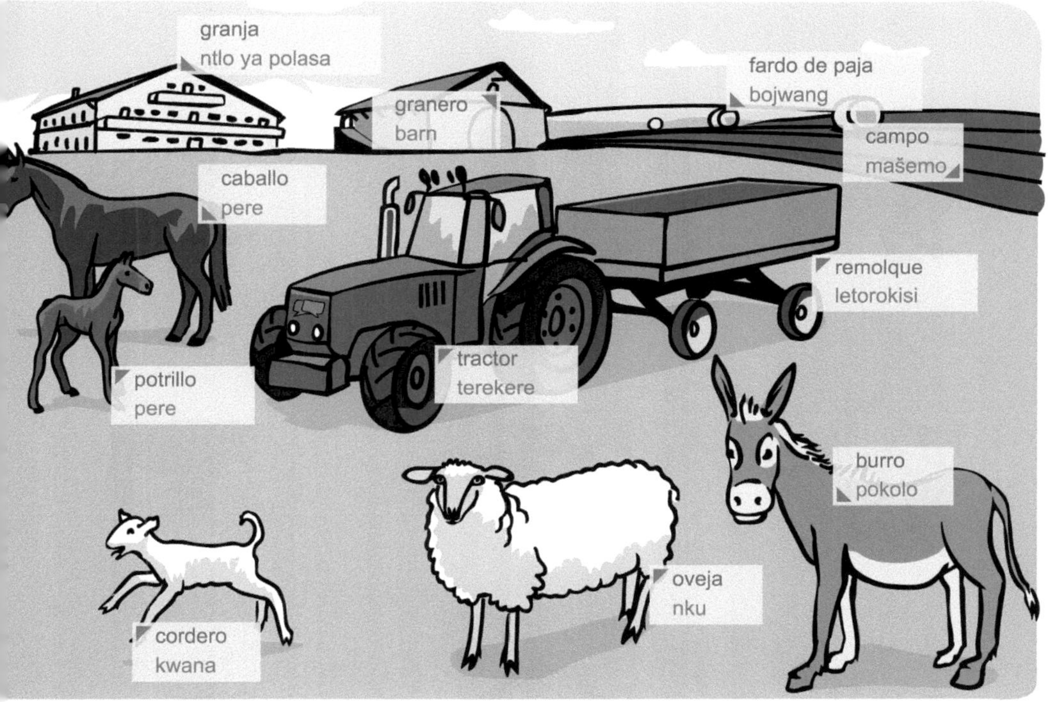

granja
ntlo ya polasa
granero
barn
fardo de paja
bojwang
campo
mašemo
caballo
pere
remolque
letorokisi
tractor
terekere
potrillo
pere
burro
pokolo
oveja
nku
cordero
kwana

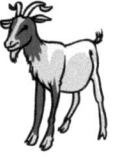

cabra

pudi

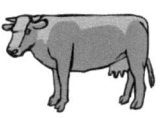

vaca

kgomu

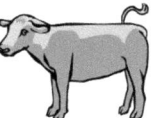

ternero

namane

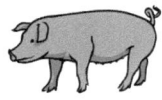

cerdo

kolobe

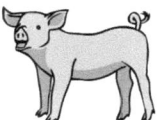

lechón

kolobjana

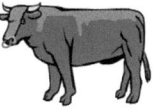

toro

poo

ganso

leganse

pato

leganse

pollo

letswienyane

gallina

kgogo

gallo

mokoko

rata

legotlo

gato

katse

ratón

legotlo

buey

pholo

perro

mpša

cucha

ntlwana ya mpša

manguera

lethompo la seratswana

regadera

khene ya meetse

guadaña

peke

arado

megoma ya terekere

hoz

sekele

azada

mogoma

horquilla

foroko

hacha

selepe

carretilla

kiribai

abrevadero

letangwana la meetsi

lechera

khene ya maswi

bolsa

lesaka

reja

fense

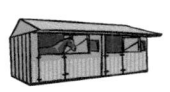

establo

stable

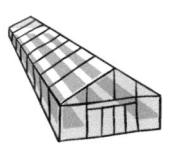

invernadero

ntlwana ya galase ya
dihlare

suelo

mobu

semilla

peu

fertilizador

manyora

cosechadora

motšhene wa go buna

cosechar

buna

cosecha

buna

batatas

tse monate

trigo

korong

soja

soy

papa

letapola

maíz

korong

semilla de colza

rapeseed

árbol frutal

mohlare wa dikenywa

mandioca

cassava

cereales

disereale

chimenea
tšhemela

techo
marulelo

caño de desagüe
phaephe ya drain

ventana
lefasetere

garaje
karatše

timbre
nakana ya lebati

puerta
lebati

tacho de basura
pakete ya matlakala

buzón
lepokisi la maletere

jardín
serapana

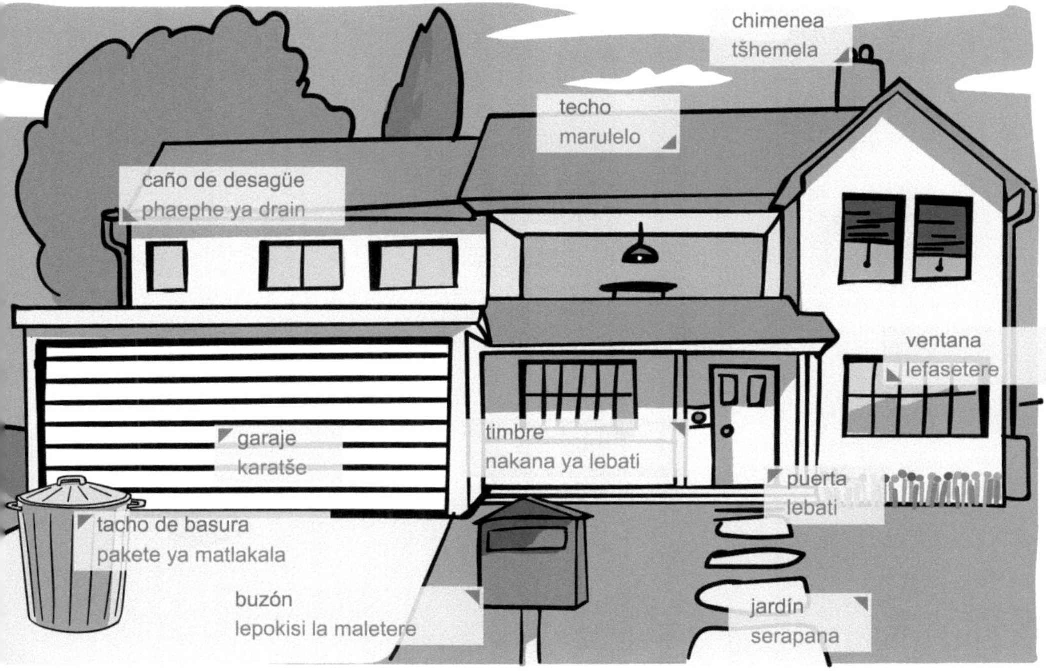

living
phapoši ya go dula

baño
kamora ya go hlapela

cocina
boapeelo

dormitorio
phapoši ya go robala

cuarto de los chicos
phapoši ya bana

comedor
lefelo la boiketlo

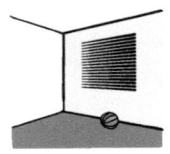

piso

fase

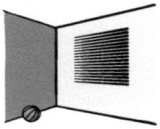

pared

lebota

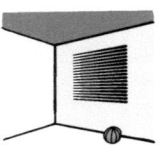

cielorraso

siling

sótano

cellar

sauna

sauna

balcón

letsikangope

terraza

lelapa

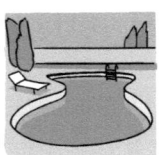

pileta

letamo la go rutha

cortadora de pasto

motšhene wa go sega bjang

sábana

lešela la go iphomola

acolchado

lešela la mpeto

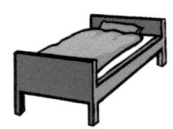

cama

mpeto

escoba

leswielo

balde

pakete

interruptor

pholaka

living
phapoši ya go dula

empapelado
senepe sa sedirišwa
imagen
senepe
lámpara
lebone
estante
shelofe
armario
khaboto
televisión
thelebišene
chimenea
lefelo la mollo
flor
letšoba
almohadón
kobo
sofá
sofa
florero
vase
control remoto
remote control

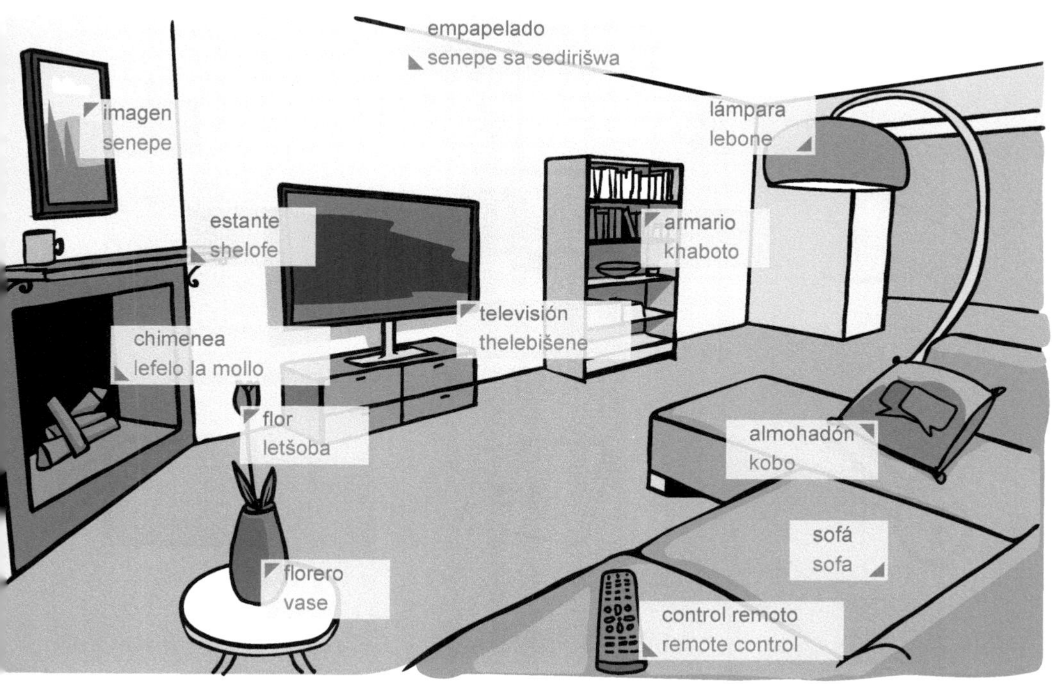

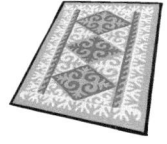

alfombra

khaphete

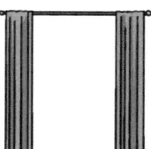

cortina

garetene

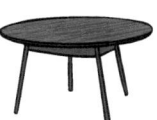

mesa

tafola

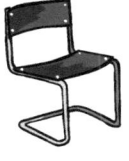

silla

setulo

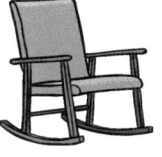

mecedora

rocking chair

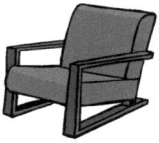

sillón

armchair

libro
buka

frazada
kobo

decoración
bokgabišo

leña
dikota tša mollo

película
filimi

equipo de música
sedirišwa sa hi-fi

llave
senotlelo

diario
kuranta

pintura
go penta

póster
phouseta

radio
radio

cuaderno
pukwana ya go ngwala

aspiradora
motšhene wa go hlwekiša

cactus
mohlašana wa cactus

vela
kerese

cocina
boapeelo

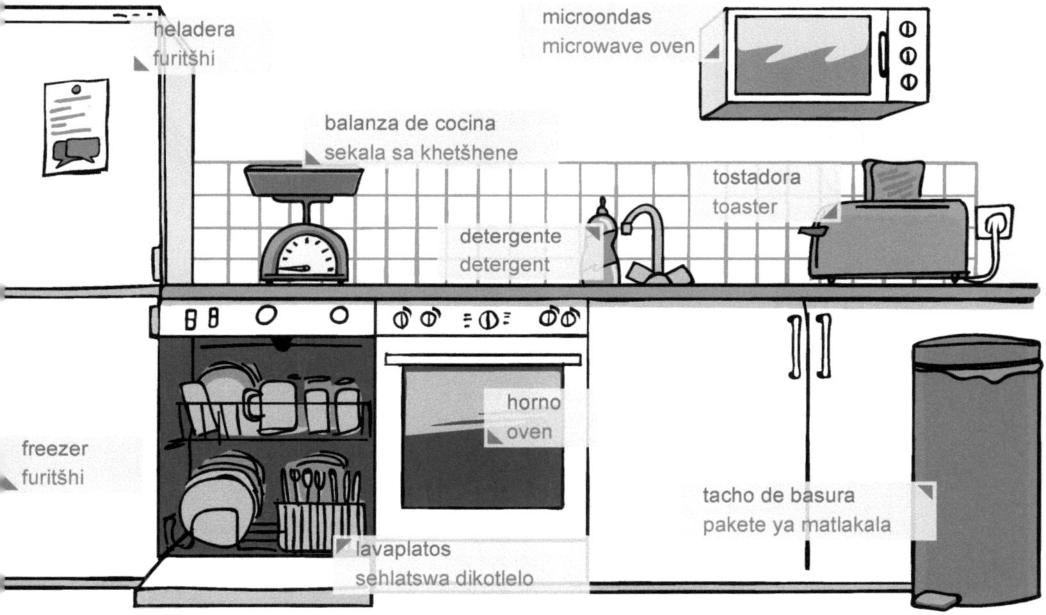
heladera
furitšhi
microondas
microwave oven
balanza de cocina
sekala sa khetšhene
tostadora
toaster
detergente
detergent
horno
oven
freezer
furitšhi
tacho de basura
pakete ya matlakala
lavaplatos
sehlatswa dikotlelo

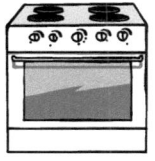

cocina
moapei

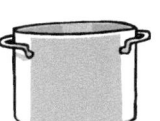

olla
pitša

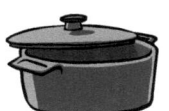

olla de hierro fundido
cast-iron pot

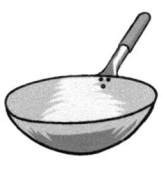

wok
wok / kadai

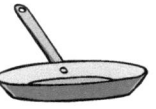

sartén
pane

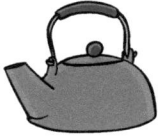

pava
ketlele

vaporera

steamer

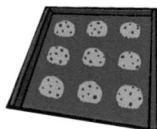

bandeja de horno

therei ya go paka

vajilla

dikotlelo

taza

komiki

bol

mogopo

palitos

diphathana tša go ja

cucharón

lelepola la ladle

estpátula

spatula

batidora

whisk

colador

strainer

colador

sefo

rallador

kereitara

mortero

mortar

parrilla

barbecue

fogata

thuntšha

tabla de picar

boto ya dijo

palo de amasar

rolling pin

sacacorchos

sebula lepotlelo

lata

khene

abrelatas

sebula khene

manopla

seswara dipoto

pileta

sinki

cepillo

borashe

esponja

sepontše

batidora

sehlakanyi

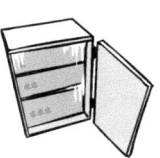

congelador

freezer

mamadera

lepotlelo la ngwana

canilla

pompi

baño
kamora ya go hlapela

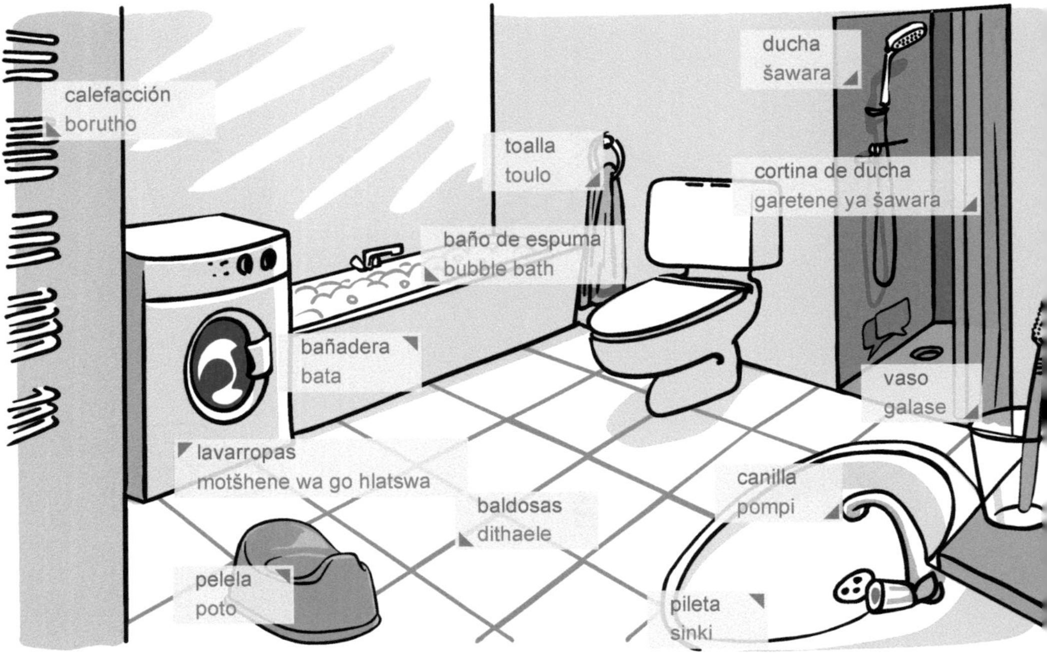
calefacción
borutho
ducha
šawara
toalla
toulo
cortina de ducha
garetene ya šawara
baño de espuma
bubble bath
bañadera
bata
vaso
galase
lavarropas
motšhene wa go hlatswa
canilla
pompi
baldosas
dithaele
pelela
poto
pileta
sinki

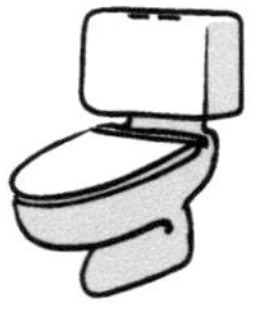

inodoro

ntlwana

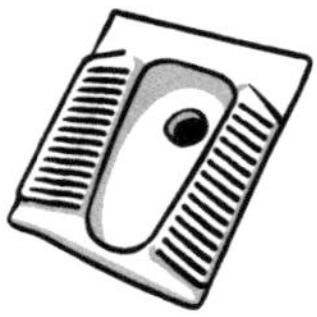

letrina

ntlwana ya ho tshorama

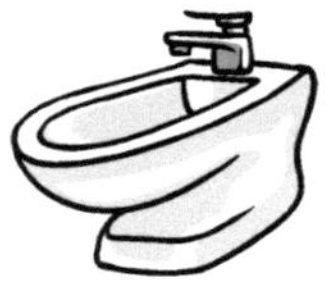

bidé

bidet

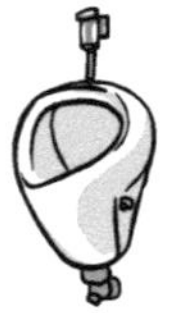

mingitorio

moroto

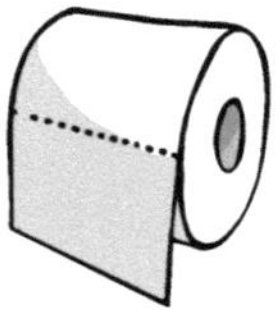

papel higiénico

pampiri ya ntlwana

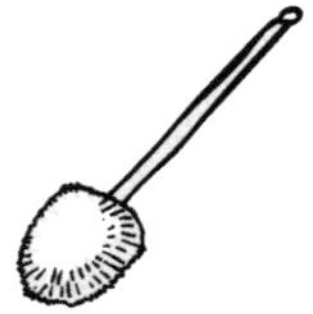

cepillo para el inodoro

borašе ya ntlwana

cepillo de dientes

poraše ya ho hlapa meno

dentífrico

sešepi sa meno

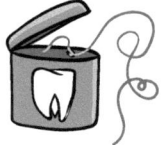

hilo dental

floss ya meno

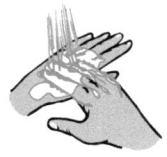

lavar

hlatswa

ducha de mano

shawara ya go swarwa ka matsogo

ducha higiénica

douche

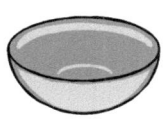

palangana

basin

cepillo para espalda

back brush

jabón

sešepi

gel de ducha

sešepi sa ka šawareng

shampoo

shampoo

toallita

folene

desagüe

drain

crema

sa go tlola

desodorante

senkgiša bose

espejo

seipone

espejito

sepili se senyenyane

maquinita de afeitar

legare

espuma de afeitar

shaving foam

aftershave

aftershave

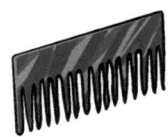

peine

kamo

cepillo

boraše

secador de pelo

derayara ya moriri

spray

setlola sa moriri

maquillaje

makeup

lápiz de labios

setlola sa molomo

esmalte para uñas

varnish ya manala

algodón

wulu

tijera para uñas

sekero sa dinala

perfume

phefumo

portacosméticos

pekana ya tša go hlapa

banqueta

setulo

balanza

sekala

bata

toulwana ya go hlapa

guantes de goma

ditlelafo tša rabara

tampón

tampon

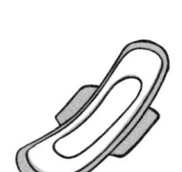

toallita femenina

toulo ya go phumula
matsogo

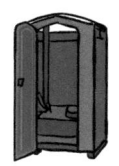

baño químico

ntlwana ya dikhemikhale

cuarto de los chicos
phapoši ya bana

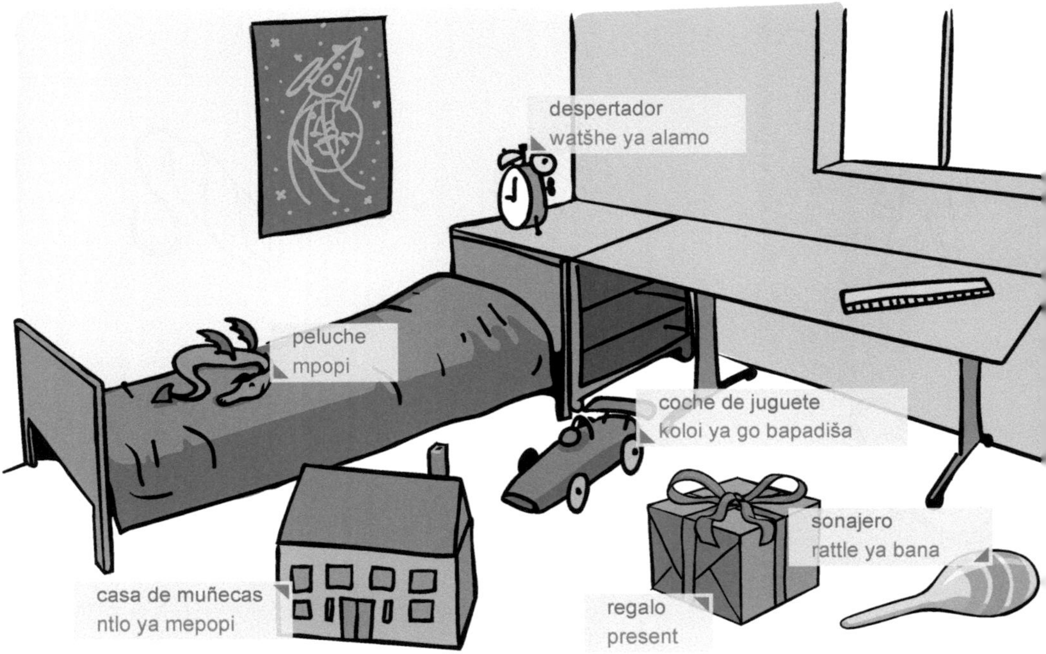
despertador
watšhe ya alamo
peluche
mpopi
coche de juguete
koloi ya go bapadiša
sonajero
rattle ya bana
casa de muñecas
ntlo ya mepopi
regalo
present

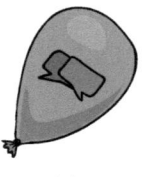

globo

baluni

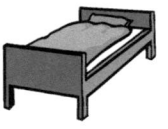

cama

mpeto

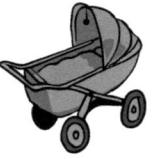

cochecito

phorema

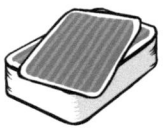

cartas

dikarata

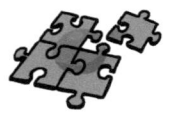

rompecabezas

papadi ya jigsaw

SUPER MEGA

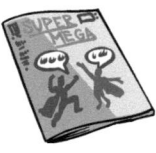

historieta

metlae

piezas de lego

papadi ya lego bricks

ladrillos de juguete

papadi ya building blocks

figura de acción

action figure

enterito (de bebé)

go gola ga ngwana

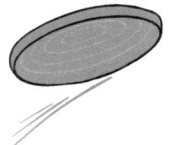

frisbee

papadi ya Frisbee

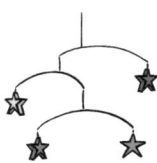

móvil para bebés

mobile

juego de mesa

papadi ya boto

dados

letaese

tren eléctrico

model train set

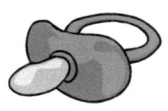

chupete

tami

fiesta

phathi

libro de cuentos ilustrado

puku ya dinepe

pelota

kgwele

muñeca

mpopi

jugar

bapala

arenero

sandpit

hamaca

swing

juguetes

tša go bapadiša

consola de videojuegos

sedirišwa sa dipapadi tša bidio

triciclo

paesekele ya bana

osito de peluche

teddy bear

armario

oteropo

medias

masokisi

medias panty

masokisi

calzas

pentihouso

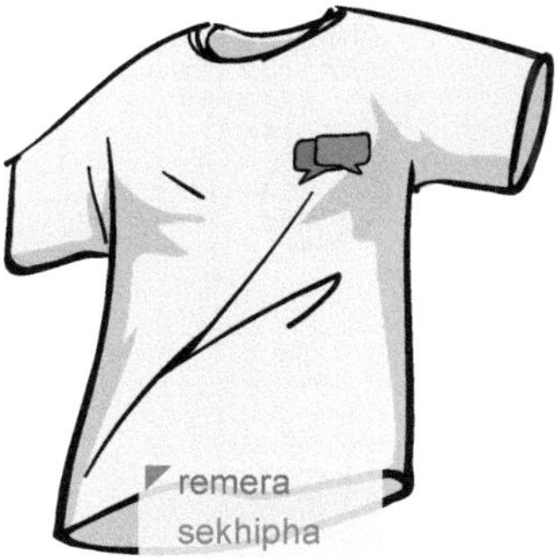

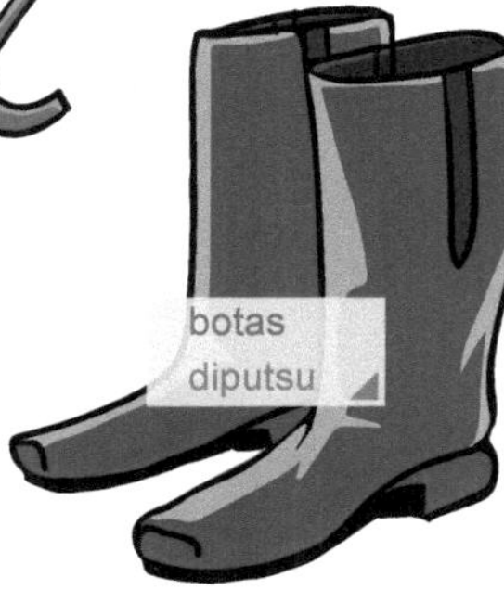

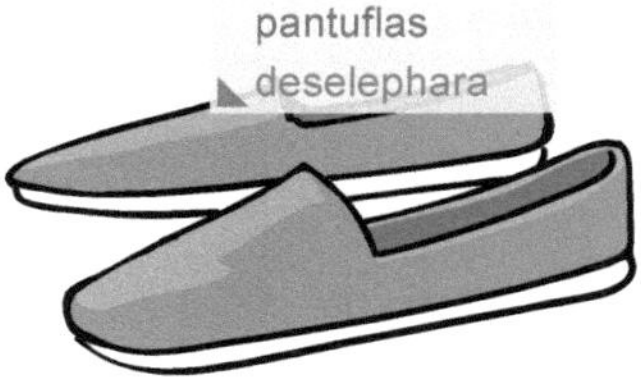

bufanda
sekhafo

cinturón
lepanta

paraguas
amporela

remera
sekhipha

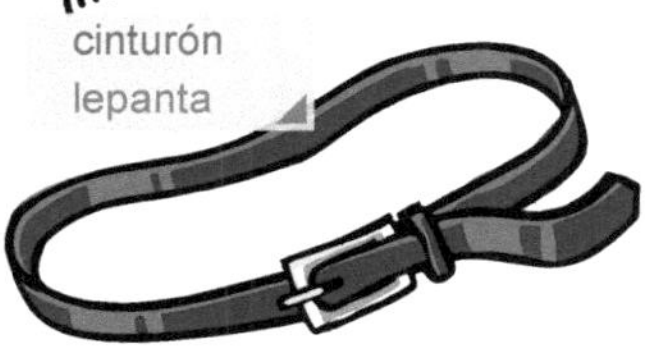

zapatillas
diteki

botas
diputsu

pantuflas
deselephara

sandalias
·············
ramphešane

zapatos
·············
dieta

botas de goma
·············
diputsu tša rabara

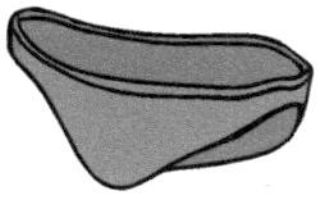

ropa interior
·············
borokgwana bja ka fase

corpiño
·············
seaparo sa bra

chaleco
·············
besete

body
mmele

pantalones
marokgo

jeans
pokathe

pollera
sekhethe

blusa
seaparo sa blouse

camisa
hempe

pulóver
jase

buzo
jase

blazer
seaparo sa blazer

campera
baki

tapado
jase

piloto
jase ya pula

traje
khosetumo

vestido
roko

vestido de novia
lešira

traje

sutu

camisón

seaparo sa go robala

pijama

dipejama

sari

sari

pañuelo para cabeza

sekafo

turbante

turban

burka

seaparo sa burqa

caftán

roko ya kaftan

abaya

abaya

traje de baño

seaparo sa go rutha

short de baño

diteranka

shorts

marukgwana a manyenyane

jogging

terekesutu

delantal

apron

guantes

ditlelafo

botón

konope

anteojos

digalase

pulsera

boreiselete

collar

nekeleise

anillo

palamonwana

aro

lengena

gorra

kepisi

percha

hengere ya jase

sombrero

kefa

corbata

thai

cierre

zip

casco

helmete

tiradores

braces

uniforme escolar

diaparo tša sekolo

uniforme

unifomo

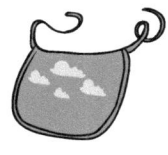

babero

seaparo sa bib

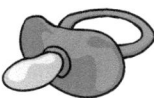

chupete

tami

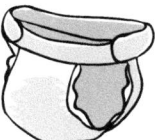

pañal

mongato

oficina
ofisi

servidor
sebara
archivero
lekase la difaele
papel
letlakala
impresora
phrinthara
monitor
monitharaw
escritorio
tafola
mouse
mouse
carpeta
foldara
teclado
keybhoto
(de basura)
ete ya matlakala a ditšhila
silla
setulo
computadora
khomphutha

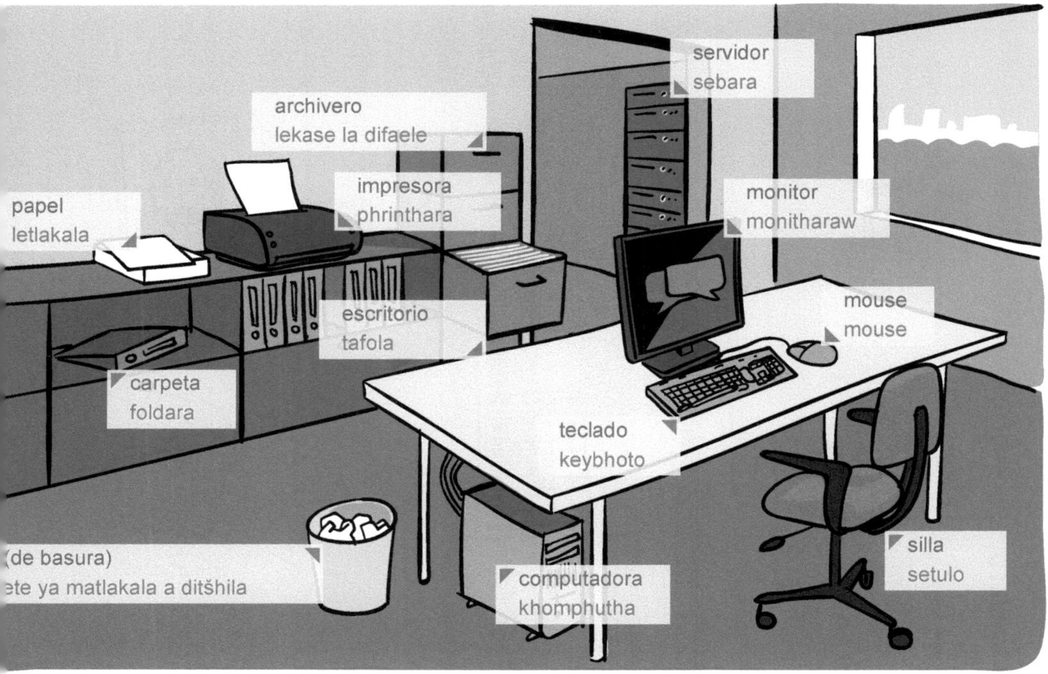

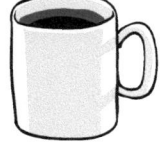

taza de café

komiki ya kofi

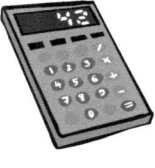

calculadora

khalekhuleitha

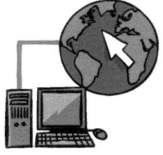

internet

inthanete

laptop

laptop

carta

lengwalo

mensaje

molaetša

celular

mogalathekeng

red

netweke

fotocopiadora

motšhene wa go photokhopa

software

software

teléfono

mogala

tomacorriente

pholaka ya sokete

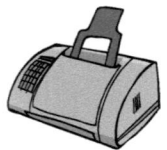

fax

motšhine wa go fekesa

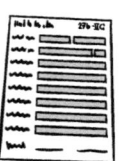

formulario

fomo

documento

dipampiri

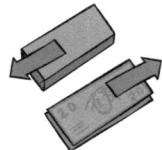

comprar

reka

pagar

lefa

hacer negocios

rekiša

dinero

tšhelete

dólar

dollar

euro

euro

yen

yen

rublo

rouble

franco suizo

Swiss franc

yuan

renminbi yuan

rupia

rupee

cajero automático

lefelo la go ntšha tšhelete

casa de cambio

lefelo la go fetola tšhelete

oro

gauta

plata

silifera

petróleo

oil

energía

matla

precio

poraese

contrato

konteraka

impuesto

motšhelo

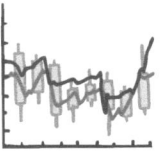

acción

setokho

trabajar

mošomo

empleado

mošomi

empleador

mothwadi

fábrica

feketori

negocio

lebenkele la dijo

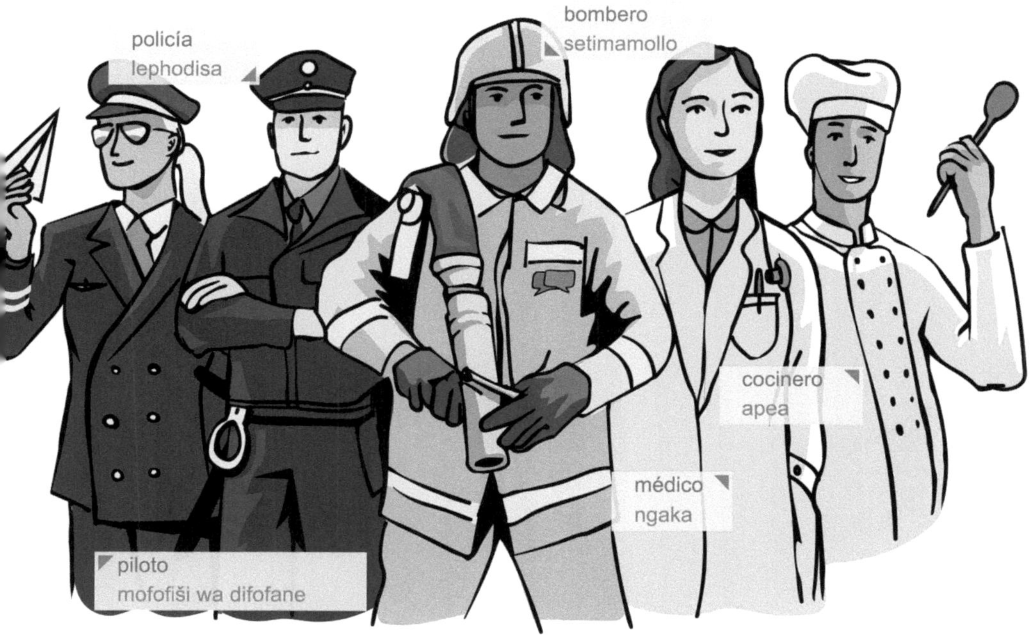

policía
lephodisa

bombero
setimamollo

cocinero
apea

médico
ngaka

piloto
mofofiši wa difofane

jardinero
mohlokomedi wa dirapana

carpintero
mmetli

modista
moroki

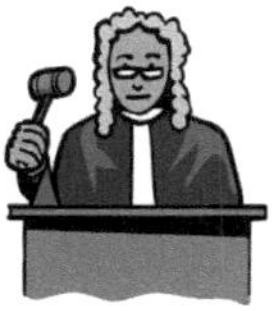

juez
moahlodi

farmacéutico
khemise

actor
mmapadi

colectivero

mootledi wa pase

taxista

mootledi wa thekisi

pescador

moswara dihlapi

mucama

mosadi wa go hlwekiša

techista

molokiša marulelo

mozo

weithara

cazador

motsomi

pintor

motho wa go penta

panadero

mopaki

electricista

electrician

albañil

moagi

ingeniero

moenjeneare

carnicero

selaga

plomero

polambara

cartero

mosepediši wa poso

soldado

mohlabani

arquitecto

mothadi wa dintlo

cajero

morekiši

florista

molemi wa matšoba

peluquero

mologi wa moriri

cobrador

molaodi

mecánico

mekhenikhe

capitán

mokapotene

dentista

ngaka ya meno

científico

rathutamahlale

rabino

moruti

imán

moetapele wa dithapelo

monje

monk

sacerdote

moruti

herramientas
didirišwa

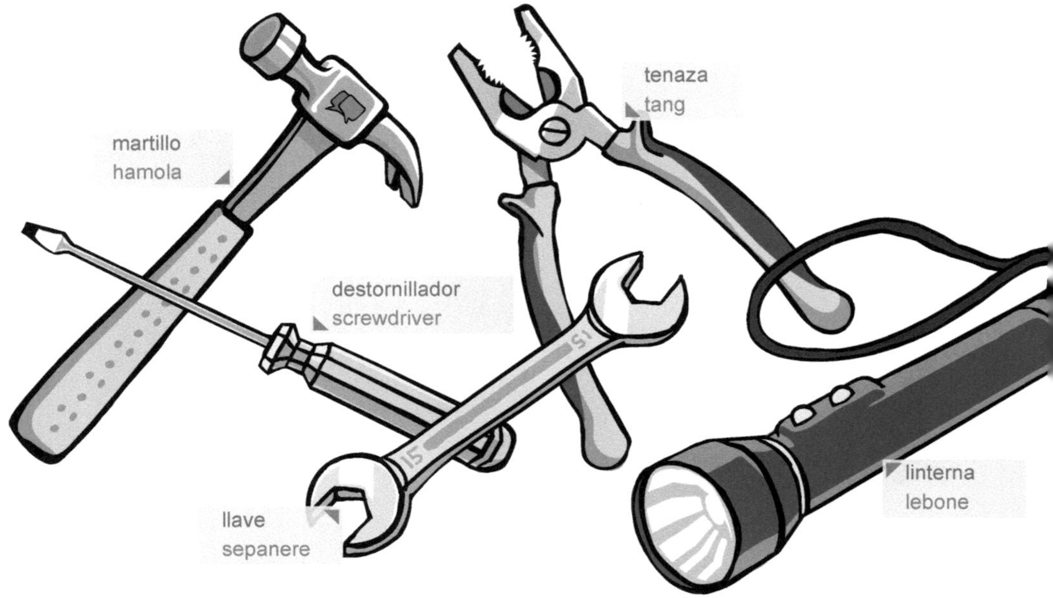
martillo
hamola
tenaza
tang
destornillador
screwdriver
linterna
lebone
llave
sepanere

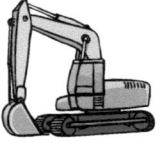

excavadora

seepi

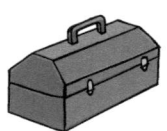

caja de herramientas

lepokisi la dithulusi

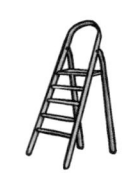

escalera portátil

llere

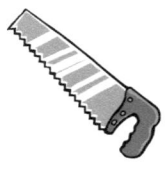

sierra

saga

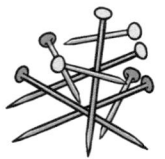

clavos

dipikiri

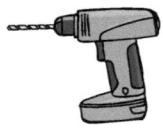

taladro

sebori

arreglar

lokiša

pala de jardín

garafo

¡Qué bronca!

ijoo!

pala de plástico

seolela matlakala

tacho de pintura

pitša ya pente

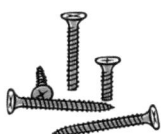

tornillos

sekurufu

instrumentos musicales
didirišwa tša mmino

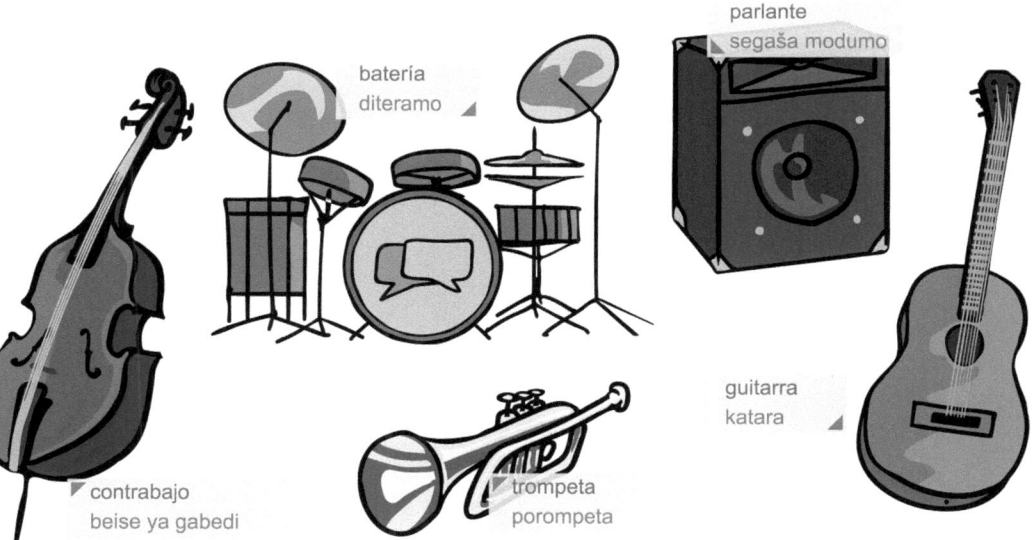

parlante
segaša modumo

batería
diteramo

guitarra
katara

contrabajo
beise ya gabedi

trompeta
porompeta

piano
piano

violín
violin

bajo
beise

timbales
timpani

tambor
diteramo

teclado
keybhoto

saxofón
saxophone

flauta
phala

micrófono
mmaekrofouno

zoológico

zuu

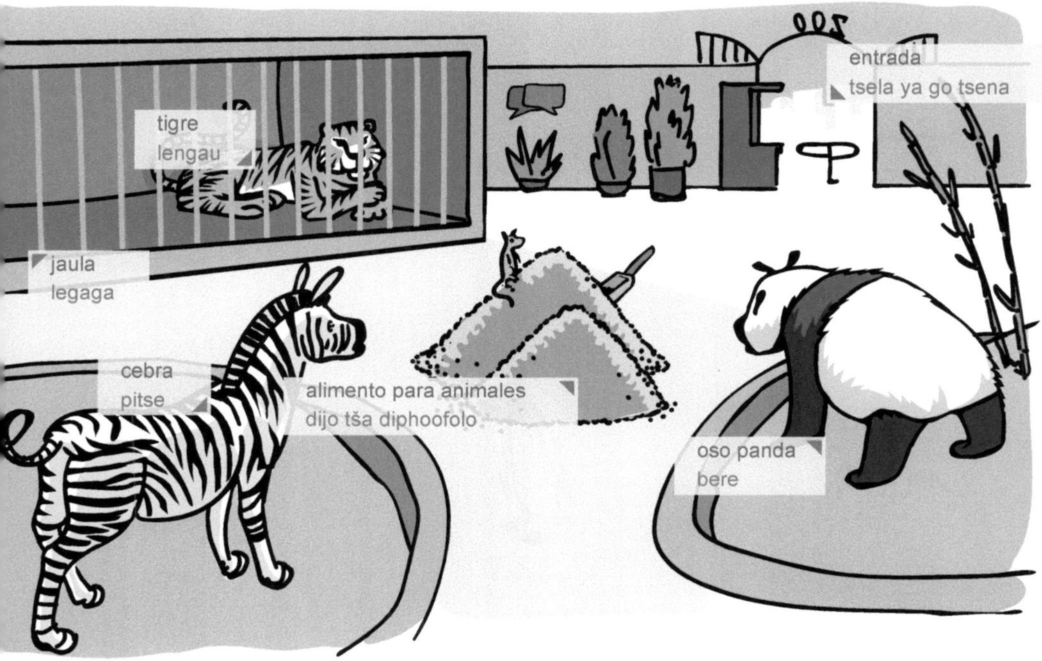

zoo
entrada
tsela ya go tsena
tigre
lengau
jaula
legaga
cebra
pitse
alimento para animales
dijo tša diphoofolo
oso panda
bere

animales

diphoofolo

elefante

tlou

canguro

kangaroo

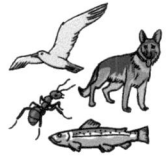

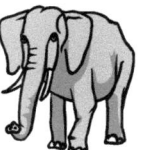

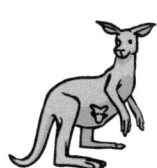

rinoceronte

tšhukudu

gorila

gorilla

oso

bere

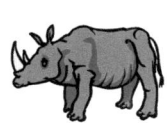

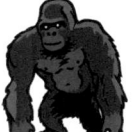

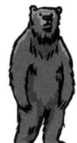

camello

kamela

avestruz

mpšhe

león

tau

mono

tšhwene

flamenco

nonyana ya flamingo

loro

nonyana ya parrot

oso polar

bere ya polar

pingüino

penguin

tiburón

shark

pavo real

phikoko

serpiente

noga

cocodrilo

kwena

cuidador del zoológico

mohlokomedi wa di zoo

foca

sili

jaguar

jaquar

poni

pokolo

leopardo

lepogo

hipopótamo

hippo

jirafa

thutlwa

águila

lenong

jabalí

kolobe ya naga

pescado

hlaphi

tortuga

khudu

morsa

walrus

zorro

phiri

gacela

phuthi

fútbol americano
kgwele ya Amerika

ciclismo
go reila paesekela

tenis
thenese

básquet
basketball

natación
go rutha

boxeo
ntwa ya matswele

hockey sobre hielo
hockey ya lehlweng

fútbol
kgwele ya maoto

bádminton
badminton

atletismo
bakitimi

handball
polo ya matsogo

esquí
skiing

polo
polo

saltar
taboga

reír
sega

abrazar
gokara

caminar
sepela

cantar
opela

rezar
rapela

besar
atla

soñar
lora

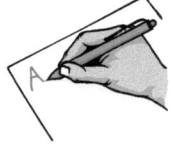

escribir

ngwala

dibujar

thala

mostrar

bontšha

presionar

kgorometša

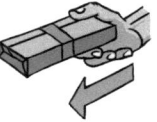

dar

efa

tomar

tšea

tener

e ba le

hacer

dira

ser

eba

estar parado

ema

correr

kitima

tirar

goga

tirar

lahlela

caer

e wa

estar acostado

maaka

esperar

emanyana

llevar

rwala

estar sentado

dula

vestirse

go apara

dormir

robala

despertar

tsoga

mirar

lebelela

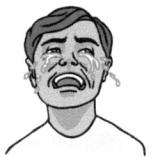

llorar

lla

acariciar

seterouko

peinar

kamo

hablar

bolela

entender

kwešiša

preguntar

botšiša

escuchar

theetša

beber

e nwa

comer

eja

ordenar

hlwekiša

amar

lerato

cocinar

apea

manejar

otlela

volar

fofa

navegar

sesa

calcular

khalekhuleitha

leer

bala

aprender

ithute

trabajar

mošomo

casarse

nyala

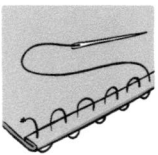

coser

roka

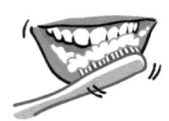

cepillarse los dientes

hlapa meno

matar

bolaya

fumar

kgoga

enviar

romela

abuela
makgolo

abuelo
rakgolo

padre
tate

madre
mma

bebé
ngwana

hija
morwedi

hijo
morwa

invitado
....
moeng

tía
....
rakgadi

tío
....
malome

hermano
....
abuti

hermana
....
sesi

cuerpo
mmele

frente
phatla
ojo
leihlo
hombro
magetla
dedo
monwana
cara
sefahlego
pera
seledu
mano
seatla
pierna
leoto
pecho
letswele
brazo
letsogo

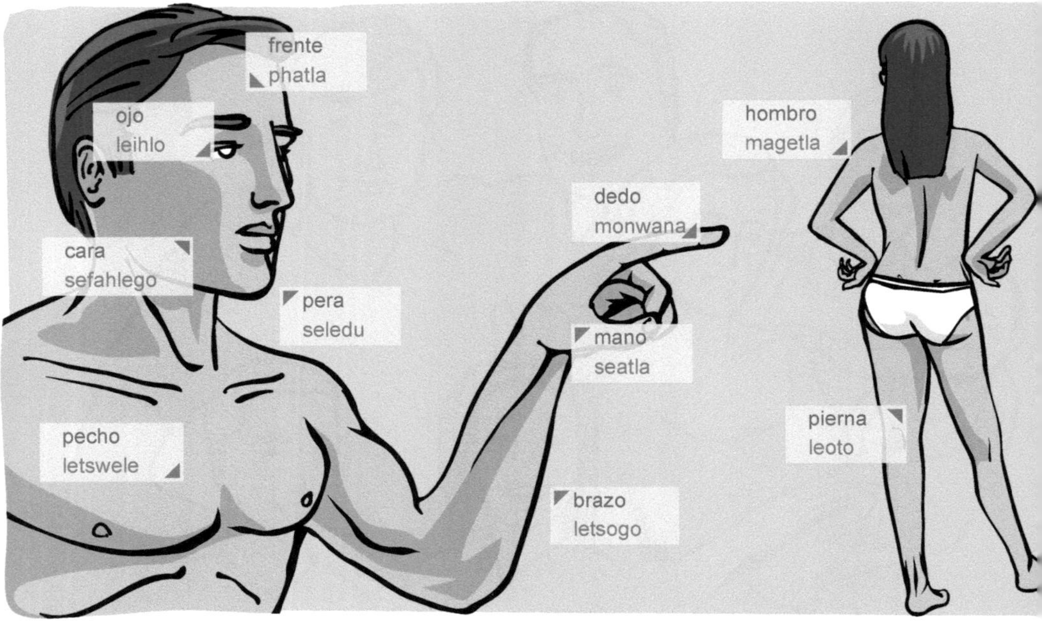

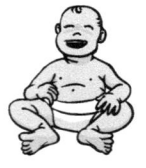

bebé

ngwana

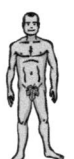

hombre

monna

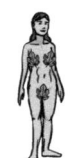

mujer

mosadi

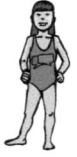

nena

kgarebe

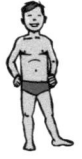

nene

mošemane

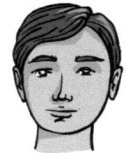

cabeza

hlogo

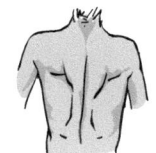

espalda

morago

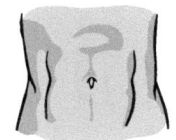

panza

mokhaba

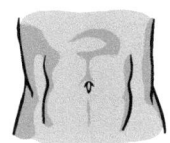

ombligo

mokhubu

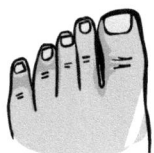

dedo del pie

monwana

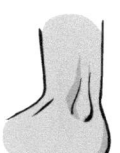

talón

tlhako

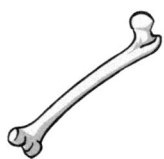

hueso

lerapo

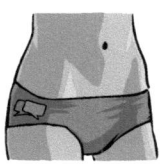

cadera

matheka

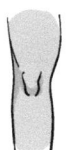

rodilla

leoto

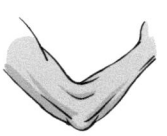

codo

khuru

nariz

nko

cola

tlase

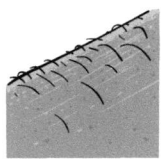

piel

letlalo

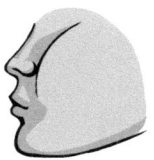

cachete

lerama

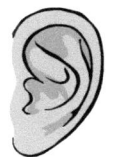

oreja

tsebe

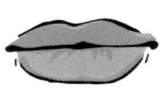

labio

molomo

boca

molomo

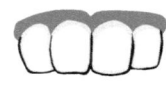

diente

leino

lengua

Leleme

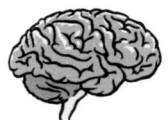

cerebro

bjoko

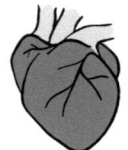

corazón

pelo

músculo

segoba

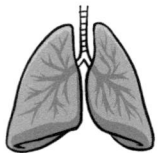

pulmón

maswafo

hígado

sebete

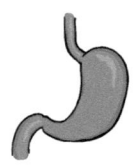

estómago

mala

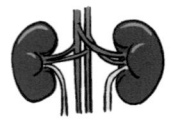

riñones

diphsio

sexo

thobalano

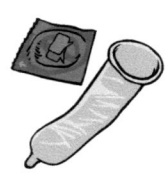

preservativo

condom

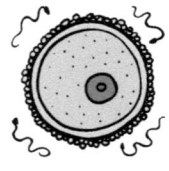

óvulo

Ovum

semen

matshedi

embarazo

go ima

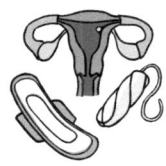

menstruación

go bona kgwedi

vagina

setho sa bosadi

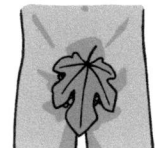

pene

setho sa bonna

ceja

dintši

pelo

moriri

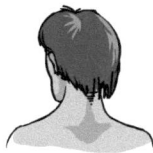

cuello

molala

hospital
sepetlele

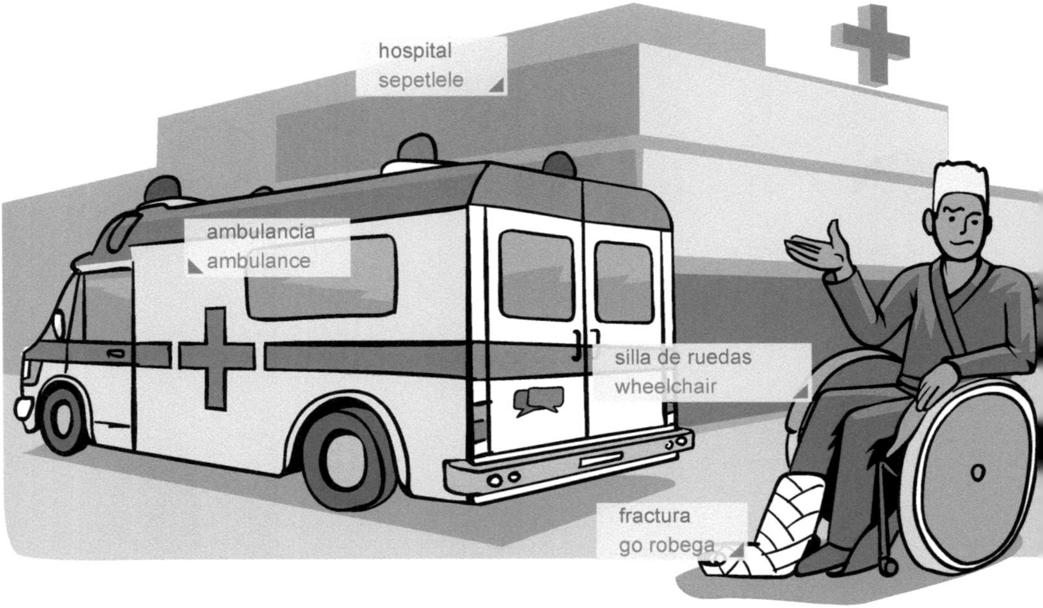

hospital
sepetlele
ambulancia
ambulance
silla de ruedas
wheelchair
fractura
go robega

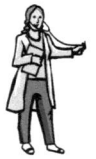

médico

ngaka

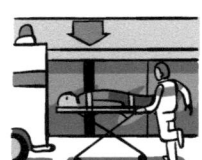

sala de guardia

phapoši ya tša tšhoganetšo

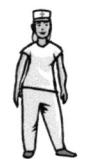

enfermera

mooki

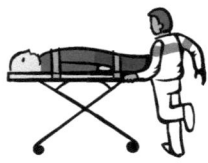

emergencia

tšhoganetšo

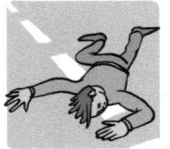

inconsciente

go idibala

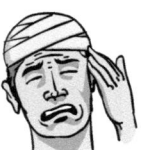

dolor

bohloko

lesión

go gobala

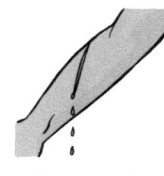

hemorragia

go tšwa madi

infarto

bolwetši bja pelo

ACV

setorouko

alergia

ge mmele o ganana le dijo

tos

go gohlola

fiebre

go gohlola

gripe

sehuba

diarrea

letšhollo

dolor de cabeza

go opa ke hlogo

cáncer

kankere

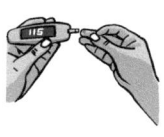

diabetes

swikiri

cirujano

mmui

bisturí

thipa ya scalpel

operación

go bulwa

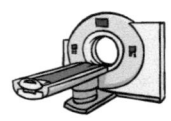

TC
CT

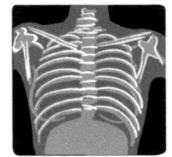

rayos x
x-ray

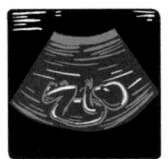

ecografía
ultrasound

barbijo
sethiba sefahlego

enfermedad
bolwetši

sala de espera
phapoši ya go leta

muleta
lehlotlo

curita
sedirišwa sa plaster

venda
lešela la ntho

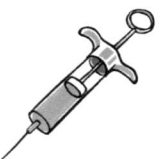

inyección
nalete

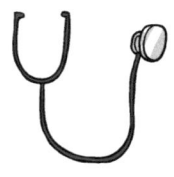

estetoscopio
sthehosekoupo

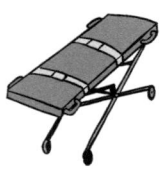

camilla
seteretšhara

termómetro
themoketha ya kgathelelo

nacimiento
go belebga

sobrepeso
mmele o mogolo

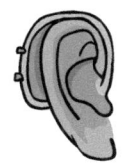

audífono

sethuša ditsebe

desinfectante

disinfectant

infección

twatši

virus

baerase

VIH / SIDA

HIV / AIDS

remedio

dihlare

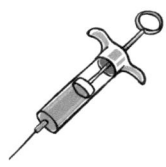

vacunación

tlhabelo ya go thibela
malwetši

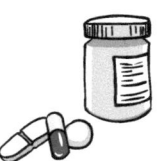

comprimidos

dipilisi

pastilla anticonceptiva

pilisi

lamada de emergencia

nogala wa tšhoganetšo

tensiómetro

sehlahlobi sa pelo

enfermo / sano

go babja / phetše gabotse

¡Ayuda!

Thušo!

alarma

alamo

agresión

go tšhošetšwa

ataque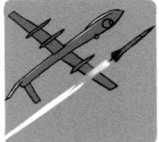

tlhaselo

peligro

kotsi

salida de emergencia

go tšwa ka tšhoganetšo

¡Fuego!

Mollo!

matafuego

setimamollo

accidente

kotsi

botiquín de primeros auxilios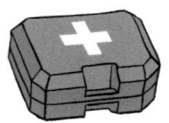

first-aid kit

SOS

SOS

policía

maphodisa

Europa

Yuropa

América del Norte

Amerika Bodikela

América del Sur

Amerika Borwa

África

Afrika

Asia

Asia

Australia

Australia

Atlántico

Atlantic

Pacífico

Pacific

Océano Índico

Lewatle la India

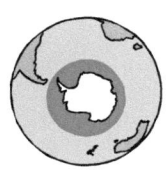

Océano Antártico

Lewatle la Antarctic

Océano Ártico

Lewatle la Arctic

polo norte

North Pole

polo sur

South Pole

Antártida

Antarctica

Tierra

Lefase

tierra

naga

mar

noka

isla

island

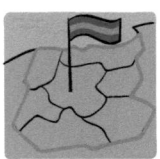

nación

naga

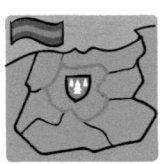

estado

state

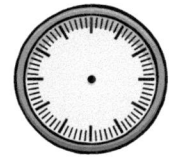

esfera

sešupanako sa dinomoro

manecilla de las horas

diiri tša sešupanako

minutero

metsotso ya sešupanako

segundero

metsotswana ya
sešupanako

¿Qué hora es?

Ke nako mang?

día

letšatši

hora

nako

ahora

gona bjale

reloj digital

sešupanako sa dinomoro

minuto

metsotso

hora

iri

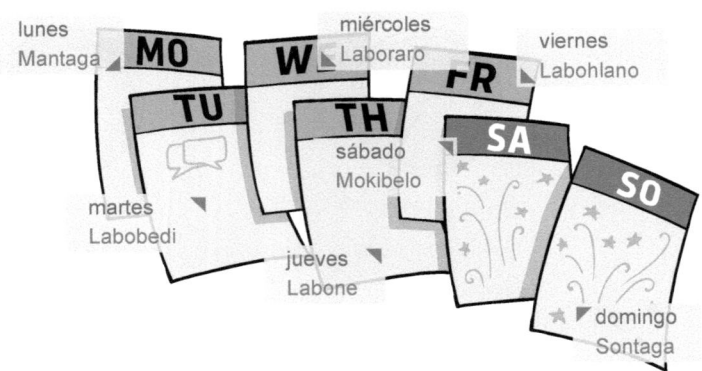

lunes
Mantaga

miércoles
Laboraro

viernes
Labohlano

martes
Labobedi

sábado
Mokibelo

jueves
Labone

domingo
Sontaga

ayer

maobane

hoy

lehono

mañana

ka moswana

mañana

mesong

mediodía

Thapama

tarde

mantšiboa

días hábiles

matšatši a kgwebo

fin de semana

mafelobeke

lluvia
pula

arco iris
molalatladi

viento
phefo

nieve
lehlwa

primavera
seruthwane

otoño
lehlabula

verano
selemo

invierno
marega

4.APRIL	11°	☀
5.APRIL	4°	☁
6.APRIL	13°	☁
7.APRIL	8°	☀
8.APRIL	10°	☀

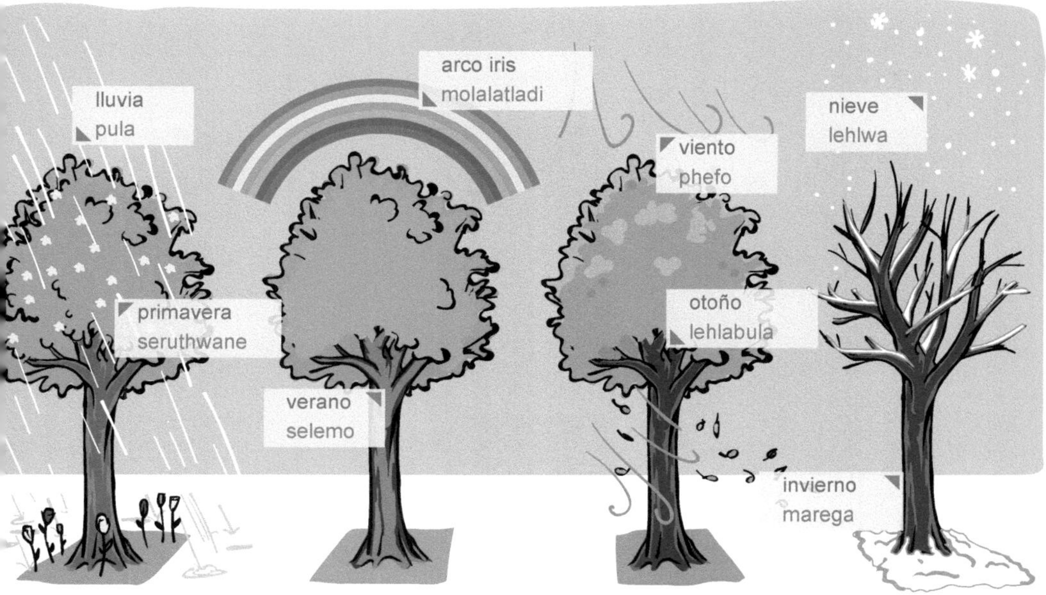

ronóstico meteorológico

tsebišo ya leratadima

termómetro

thermometer

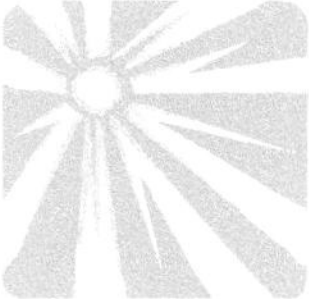

luz del sol

mahlasedi a letšatši

nube

maru

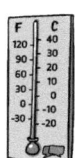

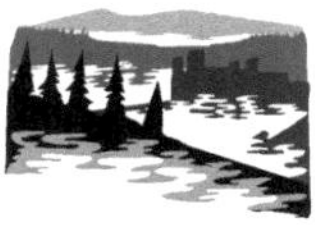

niebla

kgudi

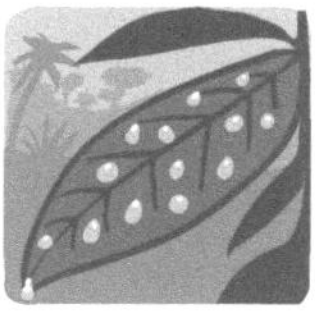

humedad

go koloba

rayo

legadima

trueno

legadima

tormenta

ledimo

granizo

sefako

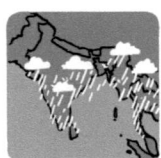

monzón

ledimo

inundación

lefula

hielo

lehlwa

enero

January

febrero

February

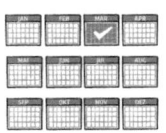

marzo

March

abril

April

mayo

May

junio

June

julio

July

agosto

August

año - ngwaga

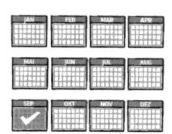

septiembre
September

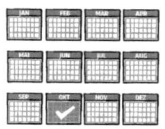

octubre
October

noviembre
November

diciembre
December

formas
dibopego

círculo
nthokolo

cuadrado
sekwere

rectángulo
rectangle

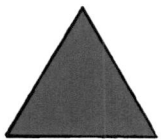

triángulo
theraekele

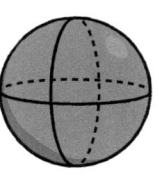

esfera
nthokolo

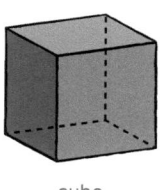

cubo
cube

blanco

tshweu

amarillo

kheri

naranja

namone

rosa

pinki

rojo

khubedu

violeta

phepholo

azul

pududu

verde

tala

marrón

tshehla

gris

kerei

negro

bontsho

mucho / poco

še dintši / tše dinyenyane

enojado / tranquilo

befetšwe / theotše maswafo

lindo / feo

botse / befile

principio / fin

mathomo / mafelelo

grande / chico

kgolo / nyenyane

claro / oscuro

seetša / leswiswi

hermano / hermana

abuti / sesi

limpio / sucio

hlwekile / ditšhila

completo / incompleto

feletše / ga se e felele

día / noche

mosegare / bošego

muerto / vivo

hwile / o sa phela

ancho / angosto

go bulega / go tswalelega

comestible / no comestible

e a jega / ga e jege

malo / amable

bobe / go loka

entusiasmado / aburrido

mahlahlo / go tšwafa

gordo / flaco

bokoto / bosese

primero / último

mathomo / mafelelo

amigo / enemigo

mogwera / lenaba

lleno / vacío

e tletše / ga e na selo

duro / blando

tiile / e bonolo

pesado / liviano

ya roba / e bobebo

hambre / sed

tlala / mokhoro

enfermo / sano

go babja / phetše gabotse

ilegal / legal

ga e molaong / e molaong

inteligente / estúpido

bohlale / lešilo

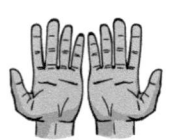

izquierda / derecha

le letshadi / le letona

cerca / lejos

kgaufsi / kgole

nuevo / usado

mapsha / e dirišitšwe

nada / algo

selo / se sengwe

viejo / joven

motšofadi / mofsa

encendido / apagado

laeta / tima

abierto / cerrado

bula / tswalela

silencioso / ruidoso

homola / rasa

rico / pobre

go huma / go diila

correcto / incorrecto

e lokilego / e sa lokago

áspero / suave

makgwakgwa / go thelela

triste / contento

go nyama / go thaba

corto / largo

mokopana / motelele

lento / rápido

go nanya / go kitima

mojado / seco

go koloba / go oma

caliente / frío

borutho / go tonya

guerra / paz

ntwa / khutšo

0

cero

nnoto

1

uno

tee

2

dos

pedi

3

tres

tharo

4

cuatro

nne

5

cinco

tlhano

6

seis

tshela

7

siete

šupa

8

ocho

seswai

9

nueve

senyane

10

diez

lesome

11

once

lesome tee

12
doce
lesome pedi

13
trece
lesome tharo

14
catorce
lesome nne

15
quince
lesome tlhano

16
dieciséis
lesome tshela

17
diecisiete
lesome šupa

18
dieciocho
lesome seswai

19
diecinueve
lesome senyane

20
veinte
masomepedi

100
cien
lekgolo

1.000
mil
sekete

1.000.000
millón
milione

inglés

Seisemane

inglés americano

Seisemane sa Amerika

chino mandarín

Sechina sa Mandarin

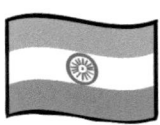

hindi

Sehindi

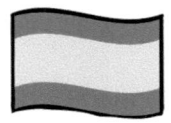

español

Spanish

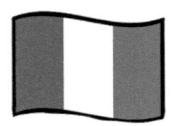

francés

Sefora

árabe

Searabic

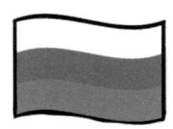

ruso

Serašia

portugués

Sepotokisi

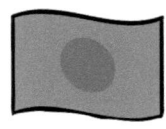

bengalí

Sebengali

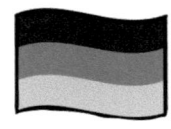

alemán

Sejeremane

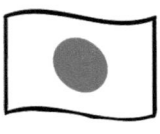

japonés

Sefapane

yo

Nna

vos

wena

él / ella

yena / yona

nosotros

rena

ustedes

wena

ellos

bona

¿quién?

bomang?

¿qué?

eng?

¿cómo?

bjang?

¿dónde?

mo kae?

¿cuándo?

neng?

nombre

leina

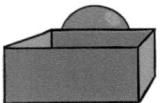

detrás

ka morago

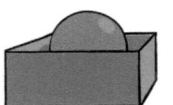

en

go

adelante de

kgaufsi le

por encima de

godimo ga

sobre

go

debajo de

ka tlase ga

al lado de

ka lehlakoreng la

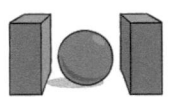

entre

magareng ga

lugar

lefelo